Saul Horovitz

Jüdische Miscellen

Saul Horovitz

Jüdische Miscellen

ISBN/EAN: 9783743341258

Hergestellt in Europa, USA, Kanada, Australien, Japan

Cover: Foto ©ninafisch / pixelio.de

Manufactured and distributed by brebook publishing software (www.brebook.com)

Saul Horovitz

Jüdische Miscellen

Jüdische Miscellen.

Von

S. Horowitz.

Inhalt:

Extreme.

Die Judenfrage in Polen vor dessen Theilung.

Jüdische Volkssagen aus Ostgalizien.

Extreme.

Einer wahren Begebenheit nacherzählt von S. Horowitz.

Der Sabbat war zu Ende und die „neue Woche" trat ihre Herrschaft an. In der Judengasse des Städtchens begann die geschäftliche Rührigkeit, die Verkaufsläden wurden geöffnet, die bärtigen Gestalten, noch feiertäglich herausgeputzt, eilten über die Gasse, hie und da drang eine hebräische Melodie durchs Fenster und in den Wohnungen flimmerten die Lichter anheimelnd. Nur bei Reb Seiwel sah es heute nicht gemüthlich aus, eine drückende Stimmung hatte sich aller Hausgenossen bemächtigt und jeder saß in sich gekehrt, trübe vor sich hinblickend. Im Zimmer herrschte eine unheimliche Stille, ein Gewitter schien im Anzuge und das Familienoberhaupt saß grollend in seinem Lehnsessel, indeß seine Augen Blitze schleuderten und die buschigen Brauen sich sträubten. Ja, Reb Seiwel hatte es sogar unterlassen, seine Pfeife, nach der er sich immer bei Anbruch der Werkwoche so sehr sehnte, anzuzünden, sie ruhte jetzt verschmäht auf ihrem Gestell und das war der schlagendste Beweis von der hochgradigen Erregtheit des leidenschaftlichen Rauchers.

Und Freidele, die Hausfrau, mit ihren langen, silbernen Ohrringen, auf der Zwirnperrücke eine Binde von kleinen, gelblichen Perlen, schaute so bekümmert und trübselig um sich, zupfte nervös den Zipfel ihrer Schürze, blickte wehmüthig im Kreise umher und zerdrückte verstohlen eine Thräne. Die 18jährige Tochter hatte vor sich ein Buch liegen, welches Märchen in Jargon enthält, von verschiedenen Wunderthaten der Rabbi's erzählt, ihr Geist aber weilt heute nicht bei der sonst so lieben Lectüre, sondern schweift in anderen Regionen und sie fixirt verstohlen ihren in Gedanken versunkenen Vater. In einem entlegenen Winkel der Stube saß der älteste Sohn Josel, ein etwa 22jähriger Jüngling, wie schon zusammengekauert, die Blicke zu Boden gesenkt, nicht wagend das

— 2 —

sind verschwindend klein, daß man sie kaum gewahrt. Das peinliche Schweigen mochte schon eine halbe Stunde gewährt haben, als R. Seiwel mit einem mächtigen Ruck den Lehnstuhl von sich schob und sich stolz emporrichtete. Seine Mienen waren jetzt unbeugsam, drohend, seine Lippen zuckten vor innerer Aufregung, daß der lange, glänzend schwarze Bart zitterte und er streckte gebieterisch seinen Arm aus. Seine hohe Gestalt hatte etwas imponirendes, mußte aber gleichzeitig eine scheue Furcht einflößen. Denn auf seiner gefurchten Stirne dräute es wie Sturm. Unwillkürlich, wie magnetisch angezogen, lenkte sich Aller Blicke auf den Hausherrn, aber jeder blieb auf seinen Platz gebannt, kaum wagend zu athmen.

Er hielt noch immer seine Rechte weit ausgestreckt, und durch seine zusammengepreßten Zähne erscholl es wie zischend „Josel".

Der Gerufene erhob sich langsam von seinem Sitze, machte einige Schritte gegen die Mitte des Gemaches und blieb gesenkten Hauptes stehen. R. Seiwel senkte seinen Arm, fuhr sich einigemal mit der Handfläche durch seinen üppigen Bart, richtete auf seinen Sohn einen durchbohrenden Blick und hob mit, vor leidenschaftlicher Erregung vibrirender Stimme an:

„Josel, höre was Dir der Vater sagt und richte Dich darnach. Ich beobachte Dich schon lange und mußte leider wahrnehmen, daß Du nicht mehr mit der nothwendigen Rigorosität unsere Gebräuche observirst, ja daß Du Dich gar über manche mit Leichtigkeit hinwegsetzest. Du, der Sohn R. Seiwel's, willst gar den Aufgeklärten spielen; ich merke es, die lange Schubitza, in welcher unsere großen Vorfahren umhergingen, ist Dir ein Gräuel, die Pajes kommen Dir gar nicht am Platze vor, was noch mehr, unsere heilige, jüdische Sprache ist Dir nicht mehr recht und ich muß hie und da von Dir gar „teutsche", d. h. gojische Ausdrücke vernehmen. Wenn es so weiter geht, wird Deine Jüdischkeit ganz in die Brüche gehen. Ein rechtgläubiger Jude muß sich von den anderen Völkern in Tracht und Sprache unterscheiden, das sind die Merkmale des Judenthums, dies ist unser Bollwerk; bröckelt man aber von dieser äußern Verschanzung einen Stein nach dem andern ab, dann bringen die Fluthen der gojischen Bildung auf uns ein, wir verlieren unsere Sonderstellung und die Jüdischkeit ist unterwühlt. Aber auf Dich ist ein Hauch des sogenannten Zeitgeistes gekommen, Du gehst mit den Fortschrittlern, nimmst ihre Manieren an und vergrößerst die Zahl der Apikorsim.*) Alles Schlechte kommt von den Deutschen und Du bist von ihnen angesteckt worden. Ich habe mich genug lange gesträubt, Dich hinüber

---

*) Abtrünnige.

über die Grenze zu lassen, denn drüben ist selbst die Luft trefe. Nur bei uns sind wirkliche Juden, was aber deutsch ist, ist schlimmer als ein Goj. Leider habe ich mich von Deinem Drängen erweichen lassen, ich gestattete es Dir, Geschäftsreisen im deutschen Lande zu machen und obwohl Du nicht weit ins Innere hineinkamst, sondern Deine Touren nur in den Grenzbezirken unternahmst, um allwöchentlich den Schabbes zu Hause verbringen zu können, sind die unseligen Folgen nicht ausgeblieben. Ich hätte mich von unserer mißlichen materiellen Lage nicht beeinflußen lassen sollen, und dafür bleibt auch die Strafe nicht aus. Aber, was Du jetzt vorhast, setzt Deinem ganzen Thun und Lassen die Krone auf."

R. Seiwel hielt für einen Moment inne, als widerstrebe es ihm, das Folgende über seine Lippen zu bringen und begann erst nach einer Pause mit wehmüthig zitternder Stimme:

„Du Josel, der Sohn R. Seiwel's, willst von jenseits der Grenze, eine „Teutsche" heiraten; weißt Du, was dies in meinen Augen bedeutet? Nichts mehr und nichts weniger, als hättest Du die erste beste Gojte zur Frau genommen, denn ich habe es Dir bereits gesagt, das ist bei mir gleichbedeutend. Mit den Deutschen soll man Geschäfte machen, denn sie lassen an sich ein Stück Geld verdienen, sonst aber soll sich ein unverfälschter Jude mit ihnen nicht einlassen. Du sagst, die Leute sind fromm, das Mädchen jüdisch erzogen und dergleichen mehr; ich aber glaube nicht daran, denn ein „Deutsch"*) ist eben ein Deutsch. Und somit erkläre ich Dir ein für immer, daß ich unter gar keiner Bedingung und um gar keinen Preis Dir meine Einwilligung ertheilen werde, daß Du ein solches Frauenzimmer heiratest, und selbst wenn es die Tochter eines deutschen Rabbiners wäre, denn ein solcher gilt bei mir nicht mehr als ein Galoch — Geistlicher. — Du bist ein polnischer Jude, wirst eine „jüdische Tochter" heimführen, im Städtchen bleiben und ich befehle Dir, alle Grillen aus dem Kopfe zu schlagen. Solltest Du aber in Deiner Verstocktheit verharren, so will ich nichts mehr von Dir, nichts von der ganzen Familie wissen, denn ich will nicht, daß man auf mich mit Fingern zeige und sage, sein Sohn hat eine Deutsche geheiratet. In diesem Falle werde ich Alles im Stiche lassen, nach der Fremde ziehen und Ihr könnt dann thun, was Euch gefällt. Ich gebe Dir zwei Tage Bedenkzeit, und ich werde diese Zeit mit Fasten und Beten zubringen, auf daß Deine sündigen Gelüste sich verlieren. Wenn Du aber Deinen Starrsinn nicht aufgibst, werde ich, wie gesagt, mein Bündel schnüren, den Staub von meinen Füßen schütteln und auswandern, auf daß meine Augen das Aergerniß nicht schauen."

---

*) Deutscher.

Er sprach's, schleuderte einen drohenden Blick um sich und verließ das Zimmer. — — —

Zwei Tage waren verstrichen und somit auch die Frist, welche R. Seiwel seinem Sohne gewährt hatte, um sein „sündhaftes Vorhaben" fallen zu lassen. Er, R. Seiwel hatte sich zu Hause nicht blicken lassen, sondern die Zeit in der Klaus zugebracht und Josel mußte sich sagen, daß es vergebliche Mühe wäre, gegen die starren, verknöcherten Vorurtheile des Vaters ankämpfen zu wollen. Zu Hause herrschte weiter die gedrückte Stimmung, der Hausherr war als ein eigensinniger, alles terrorisirender Mensch bekannt, dem mit Vernunftgründen nicht beizukommen war. Die Mutter kam nicht aus dem Weinen, die übrigen Kinder waren geängstigt, denn eine Katastrophe, deren Tragweite sich nicht absehen ließ, drohte sich über ihren Häuptern zu entladen. Die Existenz der ganzen Familie stand auf dem Spiele, die Familienbande schienen sich auflösen zu wollen und Alle rangen verzweiflungsvoll die Hände. R. Seiwel hatte gar kein Vermögen, dafür aber ein Haus voll Kinder, lebte von der Hand in den Mund, und wenn er seine Drohung, Alles im Stiche zu lassen und wegzuziehen — was übrigens bei seinem unbeugsamen, fanatischen Charakter kein bloßer Schreckschuß zu sein schien — ausführen sollte, so wäre die zahlreiche Familie auch ihres Ernährers beraubt und dem Elende preisgegeben. Josel überschaute die Lage und ein Frösteln überkam ihn. Er wähnte in einen Abgrund zu schauen und ein Schwindel ergriff ihn. Er sah aus diesem Dilemma keinen Ausweg; auf einer Seite handelte es sich um seine Eltern, um seine Geschwister, auf der andern Seite um sein eigenes Ich.

Die widersprechendsten Gefühle zerfleischten sein Inneres und er konnte zu keinem Entschlusse kommen. Sollte er, oder sollte er nicht? Soll er sich dem Verlangen seines Vaters fügen, den Traum seines Lebens fahren lassen, dadurch das Gleichgewicht in der Familie herstellen und seine Person zum Opfer bringen, oder nur sein eigenes Glück vor Augen habend, die Seinigen ihrem Schicksale überlassen? Und wild tobte es in seinem Busen, er konnte keinen Entschluß fassen, bald erhielt dieses bald erhielt jenes Gefühl die Oberhand, daß seine Sinne sich schier umnachteten. Bald beugte sich sein Geist in Ehrfurcht vor der väterlichen Autorität, bald spielte ihm seine Phantasie das bezaubernde Bild seiner Auserkorenen vor, daß alles andere erblaßte. Dann bäumte sich sein Wille wild auf, er wollte sich diesem Joche nicht fügen, denn war man berechtigt, von ihm solch ein Lebensopfer zu verlangen? War er verpflichtet, dem heroischen Machtspruche, von Fanatismus und Zelotismus dictirt, Gehorsam zu leisten? Hat denn der Vater irgend welche vernünftigen Gründe angeführt?

Konnte er denn irgend ein Argument, sei es von religiösem oder socialem Standpunkte geltend machen? Nein. Nur chassidischen Chauvinismus und fanatische Vorurtheile führte er ins Treffen und er sollte seinen Nacken beugen und sein Lebensglück verscherzen? Bei Gott, das wäre zu gräßlich. Und die junge Dienstagssonne fiel ins Zimmer und Josel wälzte sich auf seinem Lager, eine Beute seiner Aufregung. Durch die nur angelehnte Thüre schaute das gramerfüllte Antlitz der Mutter und er fühlte einen Stich im Herzen. Sollte er, der eigene Sohn, wenn auch unschuldigerweise, zum Ruine der Seinen beitragen? War er nicht verpflichtet, sich über seine persönlichen Gefühle hinwegzusetzen und sich der väterlichen — Willkühr unterzuordnen? Die abgehärmten, eingefallenen Wangen, die rothumränderten Augen seiner Mutter sagten Ja, das Herz des Mannes Nein.

Sein gemarterter Geist erlag endlich der Abspannung, der Schlaf senkte sich auf seine Augen, entrückte ihn für einen Moment der schrecklichen Wirklichkeit und geleitete ihn ins feenhafte Reich der Träume.

Das preußische Städtchen G., unweit der österreichisch-russischen Grenze gelegen, tauchte an seinem Horizonte auf und das einzige Gasthaus des Ortes winkte ihm wie eine Oase entgegen.

Darin waltete souverän die einzige Tochter Rebecca und fixirte neugierig den schüchternen Ankömmling von fremdländischen Aeußern. Er, Josel, der damals zum ersten Male seinen Geburtsort verließ und seine erste Geschäftsreise antrat, war befangen und ängstlich wie ein Schuljunge, wagte nicht seine Blicke zu einem Mädchen emporzuschlagen, denn drüben in seiner Heimat war das strenge verpönt. Aber mit der Zeit wich seine Scheu, er ward gesprächig, sein gedrücktes Wesen schwand, die Luft, die er jetzt einathmete, wirkte auf ihn erlösend, er eignete sich bessere Umgangsmanieren an, senkte nicht mehr das Haupt, wenn ihn ein Blick aus schönem Auge traf und da sein Weg ihn öfters über G. führte, entspann sich zwischen ihm und Rebecca eine gewisse Intimität. Sie war ein schlichtes, häuslich erzogenes Mädchen, die Tochter biederer und wohlhabender Eltern, dabei von tiefem Gemüth.

Das schüchterne, ängstliche Wesen des jungen Polen, wie sie anfänglich Josel nannte, interessirte sie deshalb, weil dies bei den anderen jungen Leuten, mit denen sie verkehrte, nicht der Fall war und sie schenkte ihm infolge dessen auch mehr Aufmerksamkeit, als sie dies anderen Reisenden gegenüber zu thun pflegte. Und mit der Zeit schwand allmählich die Kruste, Josel's Gemüth thaute auf und Rebecca's Bild prägte sich immer tiefer seinem jungfräulichen Herzen ein.

— 6 —

Sie war das erste Mädchen, mit welcher er gesellschaftlich verkehrte und deshalb übte sie auf ihn solch einen mächtigen Eindruck. Sie erschien ihm als der Inbegriff alles Schönen und Guten, seine Phantasie schmückte sie mit allen nur denkbaren physischen und moralischen Eigenschaften aus, daß ein Glorienschein ihr Haupt umfloß und sie ihm als ein Ideal vorschwebte.

Das übrigens wirklich hübsche Mädchen kam ihm auch freundlich entgegen, stundenlang saßen sie im trauten Gespräche, daß Josel es gar wagte, ihre Händchen an seine Lippen zu führen und sie, die Schelmin, erröthete wohl, ihr Blick senkte sich, — ließ es aber gewähren. Und der junge Reisende ward immer beherzter; eines trüben Abends, als sie so beim prasselnden Kaminfeuer saßen, sank er gar vor ihr aufs Knie, gestand ihr stockend seine Liebe und sie, Rebecca, senkte ihr Häuptchen, zog ihn zu sich empor und — ruhte in seinen Armen.

Als gut erzogener Mensch hielt Josel bei Rebecca's Eltern um ihre Hand an, und sie ward ihm zugesagt. — Und sein traumumfangener Geist tummelte sich weiter in den Regionen der Phantasie, er sah sich im eigenen Heim an der Seite seiner Rebecca, in ihrem Schoße spielte bereits ein kleiner Weltbürger, mit seinen kurzen, runden Aermlein nach ihr greifend, und er drückte einen Kuß auf die schwellenden Lippen seiner jungen Frau.

Da umdüsterte sich der Horizont, schwarzes, geballtes Gewölk kam herangezogen, ein Gewitter entlud sich, fahle Blitze durchschnitten den Luftraum, dröhnende Donner machten alles erbeben, das Kind weinte jämmerlich, sein Weibchen flüchtete sich ängstlich an seine Brust, er streckte die Arme aus und — erwachte.

* * *

R. Seiwel hielt Wort. Er war für alle Fälle reisefertig. Sein Bündel war geschnürt, und sein hoher, eisenbeschlagene Stecken lehnte in einer Zimmerecke.

Sein Entschluß war felsenfest, unbeugsam. Der blinde, rücksichtslose Fanatismus brachte bei ihm alle anderen Gefühle zum Schweigen, und ohne alle Scrupel war er fest entschlossen, sein Weib, seine Kinder zu verlassen, auf ein Familienleben zu verzichten, sich selbst einer ungewissen Zukunft, dem Elende auszusetzen, um nur nicht von seinen tiefwurzelnden Vorurtheilen um eine Haarbreite abweichen zu müssen. Der armen Frau Freidele war der Thränenquell bereits versiegt, die älteste Tochter wankte wie ein Schatten dahin, die übrigen Kinder, welche nicht recht wußten, was vorgehe, blickten scheu und ängstlich um sich.

In Josel's Brust tobte ein furchtbarer Kampf. Nun die Entscheidung so nahegerückt war, überkam ihn wahre Verzweiflung.

Wie wahnsinnig rannte er wild im Zimmer, sein kindliches Gefühl gebot ihm Gehorsam, aber in seiner Brust echo'te es „Rebecca, Rebecca". Sollte er seine Zukunft, sein ganzes Glück diesem Moloch, Fanatismus genannt, zum Opfer bringen? Oder sollte er zur Existenzvernichtung der Seinen beitragen?

Und es legte sich wie ein düsterer Schleier um seine Sinne, finstere Nacht umgab ihn, und wie von einem Keulenschlage betäubt, wankte er, und das ganze Zimmer schien sich mit ihm im Kreise zu drehen. . . .

Da ertönte die wehklagende Stimme seiner Mutter „Josef, Josef, der Vater zieht von dannen," er fuhr sich mit der Hand über die Stirne, schaute verstört um sich, riß die Thüre auf, dumpf röchelnd, wie eine Grabesstimme hauchte er „Vater, Vater, ich, ich, füge mich" und — ohnmächtig brach er zusammen . . . . .

Eine Gehirnerschütterung war die Folge der furchtbaren Aufregung und Josef schwebte zwischen Tod und Leben.

Endlich genas der Körper, aber der Geist blieb umnachtet. Eine schwere Melancholie nahm sein Gemüth gefangen, der Blick blieb starr und ausdruckslos, sein Gesicht drückte Stumpfsinn aus, nur wenn er des Vaters ansichtig wurde, blitzte es in seinen Augen unheimlich. „Ich füge mich, ich füge mich" kam es dann lallend über seine Lippen und der Zelotismus triumphirte.

Die Judenfrage in Polen vor dessen Theilung.
Von S. Horowitz.

Die Polen haben vor nicht langer Zeit die Säcularfeier ihrer Constitution gefeiert, die darnach angethan war, die aristokratisch-anarchische Republik in ein Staatswesen nach modernen Begriffen zu verwandeln.

Während jenseits des Rheins die Guillotine den Menschenrechten eine blutige Straße bahnte, wurden im Weichsellande die Menschenrechte ohne Blutvergießen proclamirt, und es hatte den Anschein, daß die „Franzosen des Nordens" die Früchte, welche der vierjährige permanente Reichstag gezeitigt hat, auch ernten werden. Es sollte aber anders kommen! Die drei Nachbarreiche ließen eine Regeneration des polnischen Staates nicht zu, und die Verfassung wurde Polens Schwanenlied.

Es ist klar, daß man die jüdische Bevölkerung in diesem Reformwerke nicht ganz ignoriren konnte, und so tauchten auch viele Projecte auf, die dahin abzielten, die Angelegenheiten der jüdischen Einwohnerschaft zu regeln. Die diversen Reformentwürfe erlangten aber keine Gesetzkraft, die dem Reichstage unterbreiteten Gesetzvorlagen blieben im Ausschusse stecken und fanden nicht den Rückweg ins Plenum. Die Juden hatten zwar in der Ständeversammlung Gönner, selbst König Stanislaus Augusti beschäftigte sich eifrig mit der jüdischen Frage und nahm persönlich Antheil an der Redaction der betreffenden Regierungsvorlage, was aber nicht hinderte, daß selbe nicht zur Beschlußfassung gelangten.

Hinter den Coulissen wurde ein regelrechtes Intriguenspiel gegen die Emancipation der Juden inscenirt und die Magnaten waren dessen Arrangeure. Auch die Bourgeoisie, der einige christliche Kaufmannsstand, remonstrirte heftig gegen die Gleichstellung der Juden und überfluthete den Reichstag mit Petitionen.

Die „Bürger" ließen sich von purem Brotneide leiten und ihr Antisemitismus hatte viel Aehnlichkeit mit dem heutigen, während die Antipathie des Hochadels auch anderen Quellen entsprang. Zwar betrachtete auch dieser den Juden als Ausbeuteobject, er zog

abzuführen, und zwar zur Tilgung der königlichen Schulden. Ja, Stanislaus August nahm sogar Anfangs 1792, während einer feierlichen Audienz, von Staatswürdenträgern umgeben, von einer jüdischen Deputation die für damalige Verhältnisse immerhin ansehnliche Summe von 15.000 Goldgulden als Präsent entgegen.

Während der Adel sich gegen die Emancipation der Juden aus materiellen, confessionellen und socialen Vorurtheilen stemmte, entstand die diesbezügliche oppositionelle Agitation der kaufmännischen Bürgerschaft aus reiner Concurrenz und Brotneid, eine Quelle also, aus welcher auch der Antisemitismus unserer Zeit entsprossen ist.

Der Aufenthalt der Juden in vielen Städten war theils ganz, theils nur unter solchen Beschränkungen zulässig, daß sie nur durch Bestechungen durch Hinterpförtchen hineingelangten.

Sie hatten also in den wichtigsten Handelscentren kein sicheres Domicil, die christlichen kaufmännischen Congregationen bewachten natürlich eifersüchtig ihre Privilegien, die Juden wurden von Ort zu Ort getrieben und ihre Waaren confiscirt. Nun sollte diese Ausnahmsstellung aufgehoben werden, die Juden ihre Geschäfte frank und frei betreiben dürfen und somit für die Erbgesessenen eine zu fürchtende Concurrenz erwachsen. Kein Wunder also, daß die kaufmännischen Zünfte, von ihrem engherzigen Kasten- und Interessengeiste befangen, Zeter schrien und den Reichstag mit Petitionen gegen die Judengleichstellung bestürmten. Die Warschauer Bürgerschaft stellte sich an die Spitze der Bewegung und sie entwarf folgende „Judenordnung":

a) Von den freien königlichen Städten, die ihre eigenen Privilegien haben, bleiben die Juden g a n z ausgeschlossen;

b) In den freien Städten ist die zulässige Anzahl der Familien gesetzlich zu bestimmen und sie können als „Schutzjuden" aufgenommen werden, wenn jede Person bei der betreffenden Stadtobrigkeit ein Schutzdiplom löst, welches, falls das fixirte jüdische Bevölkerungscontigent noch nicht erreicht, nicht verweigert werden kann. Für diese „Schutzdiplome" ist aber folgende Taxe an den Fiscus zu entrichten: in den Städten erster Classe 3000, zweiter Classe 1500, dritter Classe 500 polnische Gulden. Außerdem muß für den betreffenden städtischen Spitalsond 1500, resp. 750 oder 250 p. G. erlegt werden. Die solcherart erworbenen Schutzdiplome übergehen nur auf die männlichen Erben, insolange dieselben nicht zum zweitenmal einen Ehebund schließen. Außerdem muß der „Schutzjude" in der betreffenden Ortschaft eine erbliche Liegenschaft für den Minimalpreis von 24.000 resp. 8000 oder 4000 p. Gulden erwerben. Der Jude darf nur e i n e n Laden, eventuell e i n e Werkstätte haben. Die Handwerker dürfen drei, die Kaufleute vier Gehilfen

— 11 —

halten und Söhne oder Schwiegersöhne, die ein selbstständiges Gewerbe betreiben, müssen ein Schutzdiplom lösen. Außerdem haben sie an Abgaben, unter dem Titel für „außergewöhnliche Ausgaben" von jedem Steuergulden einen Zuschlag in der Höhe eines silbernen Groschens zu entrichten.

Dieses Muster einer Städteordnung wurde aber von der Krakauer Bürgerschaft, als für die Juden zu günstig, verworfen und indem wir diese historische Skizze schließen, empfehlen wir das Musterstatut ihrer in Gott ruhenden Vorfahren unseren zeitgenössischen Antisemiten.

Druck und Verlag von Moriz Waizner & Sohn, Wien, IX., Rolingasse 11.

e **Volkssagen aus Ostgalizien.**

Mitgetheilt von S. Horowitz.

Sammelbande der Publicationen der Krakauer
senschaften veröffentlichte ein junger Gelehrter,
g e l aus Lemberg, eine Schrift, betitelt: Materyały
ydów wschodniogalicyjskich (Materialien zur
Juden Ostgaliziens).
enthält Volkssagen, Märchen, Spukgeschichten,
rrabbis und Dämone nehmen einen breiten Raum
uch dem realen Leben ein Plätzchen eingeräumt.
bereits einen culturhistorischen Werth, denn all'
iten dürften sich schon auf dem Aussterbeetat
Quelle der mündlichen Ueberlieferung zu versiegen
Culturhistoriker auf dem Plane zu erscheinen,
Herrn Segel für seine Sammlung Dank wissen. Der
r hat all' die Jargongeschichten ins Polnische
hat er einige Piecen auch im jüdischdeutschen
inischen Buchstaben) wiedergegeben.
ammlung befinden sich auch köstliche Abderiten=
nnen wir es uns nicht versagen, dieselben nach=
r Uebersetzung zu reproduciren, da diese unge=
sten von einem wirklichen Volkswitze Zeugniß

Chojjek der berühmte Narr.

ging einst zum Markt und kaufte eine Latte
zum Baue der Laubhütte benötigte. Statt sie der
tgen, trug er sie quer. Beim Thore angelangt,
nein. Er rief also Leute und ließ die Mauer ein=
nnere gelangen zu können.

ing Chojjek ins Dampfbad; dort erblickte er viele
dachte bei sich: Wie werde ich unter so vielen
ie meinigen herausfinden können? Er wickelte

also ein Band um sein Bein, und jetzt war er schon seiner Sache sicher. Das Band löste sich aber los und ging verloren; Chossek konnte also seine Beine nicht erkennen und bis auf den heutigen Tag weiß er nicht, auf wessen Beinen er einhergeht.

III. Chossek legte sich einst auf eine bloße Bank schlafen. Als er des Morgens erwachte, schmerzten ihn alle Glieder. Chossek denkt sich: Was hat mich nur auf dieser Bank so drücken können, es liegt ja hier nichts? Besser hinblickend, entdeckte er eine Gänsefeder. Da dachte er sich: Wenn e i n e Feder so drückt, wie muß erst ein ganzes Federbett drücken. Seit dieser Zeit schläft Chossek nicht mehr in einem Federbette.

IV. Als sich Chossek schlafen legte, beschloß er, jedes seiner Kleidungsstücke mit einer laufenden Nummer zu versehen, um sich beim Aufstehen in gehöriger Ordnung ankleiden zu können: Er zählte die Beleische (langer Rock) — Nummer eins, Weste — Nummer zwei u. s. w., sich selbst versah er mit Nummer zehn. Er hatte also zusammen zehn Nummern. Als er Tags darauf erwachte, fand er, bis auf Nummer zehn, alles in Ordnung. Diese konnte er aber nicht finden. Wo ist Chossek? frug er den ganzen Tag. Er hat aber noch keine Antwort gefunden.

V. Einst entzweite er sich mit seinen Mitbürgern. Um sich an ihnen zu rächen, verließ er die Stadt und fastete einige Tage. Schließlich fühlte er sich sehr schwach und dachte sich: Wenn ich allein mich so abgeplagt habe, wie muß sich erst die Stadt, die doch so viele Leute zählt, abgeplagt haben. Er gieng in die Stadt zurück und sprach zu den Bürgern: Ich habe euch aber mores gelehrt! Ihr habt euch gut ausgehungert.

VI. Chossek schickte einst seiner Braut per Post ein Kleid zum Geschenke. In die Tasche des Kleides legte er einen Brief des Inhaltes: Geh' zur Post, empfange das Kleid, lege die Hand in die Tasche, wo du diesen Brief finden wirst.

VII. Einst stand Chossek am Rande eines Teiches, und schaute ins Wasser. Dort erblickte er seine Gestalt, mit den Füßen nach oben und dem Kopfe nach unten. Darob verwunderte er sich sehr. Wozu hat dieser Mensch im Wasser an den Hosen Knöpfe? Er könne sie doch ohnehin nicht verlieren. Nach längerem Nachsinnen sagte er: Wenn der Mensch keine Knöpfe an seinen Beinkleidern hätte, könnten diese nur herunterfallen! Aha!

2. Die Abderiten Chelms.

I. Einst bauten die Chelmer eine Synagoge. Die Steinbrüche, aus welchen das Baumaterial geholt wurde, befanden sich auf einem hohen Berggipfel. Die Chelmer trugen die Steine hinunter. Da kam einst ein Fremder des Weges und dies erblickend rief er: Thoren die ihr seid! Ist es nicht leichter die Steine hinunterzuwälzen als hinunterzutragen? Die Chelmer sahen ein, daß der Fremde wirklich Recht habe. Da aber all die nöthigen Steine sich bereits unten befanden, was war da zu machen! Sie beriefen eine Rathsversammlung und beschlossen die Steine auf den Berggipfel hinaufzutragen, um sie nachher hinunterkollern zu können.

II. Als eines Winters die Erde vom ersten Schnee bedeckt war, that es den Chelmern leid, daß der Synagogendiener während seines Rundganges, die Gläubigen zur Andacht zusammen zu rufen, die weiße Decke zertreten werde. Sie ließen also den Schames auf einen Tisch steigen und diesen von vier Leuten herumtragen.

III. Dem Gemeindeoberhaupte gefiel einst nicht die Lage der Synagoge. Er befahl also dem Schames, daß er sie nach einer anderen Stelle übertrage. Beide stellten sich mit der Schulter gegen die Mauer und drückten drauf los. Da ging ein Fremder vorüber und sprach zu ihnen: Befolget meinen Rath, entkleidet euch und es wird euch leichter sein, die Mauer wegzurücken. Die Chelmer gehorchten und bald waren die Kleidungsstücke verschwunden. Da sagte der Gemeindevorsteher zum Schames: Dieser Fremde war augenscheinlich ein kluger Mensch; es ist kaum einige Zeit verstrichen, daß wir uns entkleideten und wir haben die Synagoge schon soweit weggerückt, daß man die Kleider nicht mehr sieht.

IV. Durch eine längere Zeit kam in Chelm der Vollmond nicht zum Vorscheine. Die Spießbürger waren in Verzweiflung, denn sie konnten deshalb das vorgeschriebene Gebet nicht verrichten. Da wurde der Rabbiner von einer Idee erleuchtet. Er berief eine Versammlung und sprach folgendermaßen: Ich erinnere mich, als ich einst vom Jahrmarkte heimkehrte, ein Fäßchen Barscht (Suppe aus rothen Rüben) mitgeführt zu haben. Am Boden des Fasses war der Mond ganz so, wie am Himmel. Auf Gemeindekosten wurde also ein Bote ausgeschickt, der den Mond in einem Fasse Barscht mitzubringen hatte. Als der Gemeindebote bemerkte, daß der Mond wirklich auf dem Boden des Fasses sich wiederspiegelt, deckte er es schnell zu, damit der Mond nicht entfliehe.

V. Die Chelmer Gemeinde schaffte sich einst eine Sonnenuhr an. Sie wurde am Ringplatze angebracht, aber ein Regen machte sie ganz naß. Um dem vorzubeugen, ließen die Chelmer oberhalb der Uhr ein Dach anbringen.

VI. Einst ging ein Chelmer zum Jahrmarkte. Unterwegs wurde er von Müdigkeit ereilt und legte sich hin, um zu schlafen. Um den richtigen Weg nicht zu verfehlen, legte er sich mit dem Kopfe zum Geburtsstädtchen, und mit den Füßen zur entgegengesetzten Seite. Als er bereits schlief, kam Jemand des Weges, ergriff ihn bei den Füßen und drehte ihn so um, daß er mit den Füßen zur Stadtseite zu kommen lag. Als der Chelmer erwachte, erinnerte er sich des Zeichens, welches er vor dem Einschlafen sich gemacht hatte und ging schnurstracks nach Hause, überzeugt, daß er sich auf dem Wege zum Jahrmarkte befinde. Als er die Stadt erreichte, erblickte er Gassen und Häuser und dachte bei sich verwundert: Ganz so, wie bei uns. Er betrat den Ringplatz: wiederum ganz wie bei uns. Er ging weiter und erblickte sein eigenes Haus; er denkt sich: wenn ich nicht wüßte, daß ich am Markte bin, würde ich glauben, daß ich zu Hause sei. Schließlich bemerkte er seine Frau, greift nach dem Stocke und schlägt drauf los: ich bin auf dem Markte, du auch, wer ist also zu Hause geblieben?

von ihm auf Schritt und Tritt Nutzen; bald in Form einer Kopfsteuer, bald unter einem legalen und illegalen Vorwande, denn die „Judenordnung" war solch ein complicirtes, widersprechendes Paragraphenflickwerk, daß sie auf jede Weise interpretirt werden konnte, weshalb die Juden gezwungen waren, durch einen Tribut die Gunst der Großen und auch der Kleinen zu erwerben. Eine Emancipation der Juden würde also diesen Brandschatzungen ein Ende machen, es wäre keine Handhabe zu Vexationen und die Einnahmsquelle wäre versiegt. Daher hatten die Aristokraten ein pecuniäres Interesse, die codificatorische Reception zu hintertreiben.

Somit war materielles Interesse mit im Spiele, den Ausschlag aber dürfte es nicht gegeben haben, und wir glauben annehmen zu dürfen, daß die Opposition der Adeligen und der Prälaten gegen die Reformvorlage hauptsächlich anderen, weniger unlauteren Motiven entsprangen.

Nach den noch heute in einem großen Theile der polnischen Gesellschaft geltenden Begriffen ist die katholische Religion von der Nationalität unzertrennlich; die erste Bedingung eines Vollblutpolen ist also die nicht blos christliche, sondern speciell katholische Confession Der Pole ist kein Zelot, er ist Cavalier und das religiöse Moment ist bei ihm mit dem nationalen so verquickt, daß, wenn er seine Ritterdienste dem Vaterlande widmet, er unwillkürlich den Schutz der Czenstochauer Mutter Gottes, der Patronin Polens, erfleht, ohne dabei im hergebrachten Sinne des Wortes fromm zu sein. Dieser mehr romantische als religiöse Zug liegt eben im polnischen Nationalcharakter und wenn die Polen von jeher darauf stolz waren, als „Vollwerk des Christenthums" zu gelten, so ist das „Christenthum" als synonym mit Civilisation aufzufassen.

Wenn also der Pole sein Vaterland gegen eine Invasion der tartarischen Horden vertheidigte, leistete er damit Gesammteuropa einen Dienst und er sah sein Haupt von einer doppelten Gloriole umflossen. Er hatte also Ideale, war ritterlich und keineswegs intolerant. Aber dieser Entwicklungsgang brachte es mit sich, daß er den Juden, den nach seinen Begriffen prosaischen Handelsmann, weder in socialer noch in nationaler Beziehung als seinesgleichen, als ebenbürtig anerkennen konnte, denn es lag nun einmal in seinem Blute, ihn, den Juden, als ein Mittelding, als einen „Factor" zwischen sich und der Bauernschaft zu betrachten.

Die aristokratisch-republikanische Staatsform, die nur für den Edelmann berechnet war, trug dazu bei, daß im alten Polen der Grundsatz Wurzel faßte, nur ein Adeliger und dazu ein Katholik sei ein Vollblutpole, alles Uebrige nur Troß. Der Jude wurde also aus doppelten Gründen als Fremder betrachtet und seine Assimilation perhorrescirt.

Man sieht, der Boden war für eine Gleichstellung sehr wenig geeignet, trotzdem fand diese innerhalb und außerhalb des Reichstages Verfechter und Beschützer.

Die Sache scheint die Gemüther stark beschäftigt zu haben, es entspann sich ein Federkrieg und in zahlreichen Broschüren tauchten verschiedene Reformprojecte auf, die dem Regierungsentwurfe als Basis gedient zu haben scheinen.

Ein jüngst im Verlage des Lemberger Vereines „Agudas Achim" in polnischer Sprache erschienenes Werkchen von Ernst Deiches,*) behandelt an der Hand von Quellenstudien diese Vorgänge während des vierjährigen Reichstages und im Nachstehenden wollen wir einen Extract der citirten Schrift in deutscher Sprache wiedergeben.

Die bekannte polnische Mai-Constitution vom Jahre 1791 enthielt betreff der Juden nur elastische Gemeinplätze.

§ 2 und § 3 besagten, daß der Abfall von der katholischen Religion als Verbrechen geahndet wird und sicherten den übrigen auf dem Territorium der Republik tolerirten Bekenntnissen eine weitere Existenz zu. So oft im Reichstage die jüdische Frage aufgerollt wurde, nahm die Debatte einen engherzigen Verlauf und es schien, daß man sich der Juden nur erinnere, wenn es galt den leeren Staatssäckel zu füllen. Diese einseitige Finanzpolitik veranlaßte den inflantischen Abgeordneten Kublicki zu einem Proteste, der die mannhafte Erklärung abgab, er werde sich nie dazu hergeben dafür zu stimmen, daß man die jüdische Kopfsteuer noch erhöhe und auf diese Weise eine Gesellschaftsclasse, die ohnehin genug Lasten trägt und überdies in der Kammer nicht vertreten ist, noch weiter überbürde. Diese decidirten Worte fanden Anklang und blieben auch nicht ganz erfolglos.

Erst am 28. Januar 1792 wurde eine Reform auf dem Gebiete der confessionellen Gesetzgebung in Angriff genommen, welche den Zweck hatte, eine Regulirung der Kahal-Schulden nach folgender Norm zu fixiren. Ein Manifest sollte den Gläubigern kundgeben, daß vom 10. April angefangen zur Liquidirung der erwähnten Schulden in jeder Wojewodschaft und jedem Bezirke Gerichtshöfe tagen werden und haben die Parteien persönlich oder durch Mandatare die Belege für ihre Ansprüche zu erbringen. Damit die Ausweise bis zum 15. Juni festgestellt werden, wurde den respectiven Gerichtsbehörden die Erlaubniß eingeräumt, in nichtstrittigen Angelegenheiten die Verrechnungen selbstständig zusammenzustellen. Dieser Beschluß wurde auch mittelst eines königl. Rundschreibens realisirt und damit war das projectirte große Reformwerk der

---

*) Sprawa Zydowska w czasie sejmu wielkiego.

Juden seitens des Reichstages abgethan. Man sieht, die Kammer hat für die Juden nichts gethan, die Entwürfe blieben eben nur Projecte, die im Hause nicht einmal zur Berathung gelangten und deshalb auch keinen positiven, praktischen Erfolg ergeben konnten. Aber die Frage war doch ins Rollen gerathen, sie bildete das Substrat in der reichsräthlichen Commission, weshalb es nicht ohne historisches und auch culturelles Interesse ist auf die Sache näher einzugehen. . . .

In der Sitzung vom 28. Juni 1790 wurde eine zehngliedrige Commission ernannt, um über das Reformwerk der Juden zu berathen und im Plenum Bericht zu erstatten. Daraus geht also hervor, daß in der Kammer ein diesbezüglicher Entwurf eingebracht worden war. Die Commission hatte den Auftrag, im Laufe von vier Wochen ihr Referat zu unterbreiten, welcher Termin aber nicht eingehalten wurde, denn verschiedene Umstände bewirkten es, daß die Sache erst nach anderthalb Jahren, und zwar am 30. December 1791 im Hause zur Sprache kam. Daß man auf die Vorlage überhaupt noch zurückkam, ist ausschließlich der Initiative des Deputirten Butrymowicz zu verdanken. Dieser Abgeordnete trat mit offenem Visir für die Juden ein und rügte es, daß man diese unglücklichen, machtlosen Leute im allgemeinen Reformwerke so vollständig ignorire. „Diese Leute," sagte er, der achte Theil der Gesammtbevölkerung, werde in der Constitution genug übergangen und verkürzt, denn weder in der Städteordnung noch in der Polizeiorganisation u. s. w. geschieht ihrer Erwähnung.

„Seit der Eröffnung des Reichstages hat die von mir eingebrachte Reformvorlage der Juden beinahe allgemein Anklang gefunden, es wurde eine Commission gewählt, um selbe durchzuberathen und auch ich bin in diese Körperschaft entsendet worden.

Die Commission hat sämmtliche betreffs der Juden vorliegenden Projecte durchstudirt, aus denselben e i n e n Entwurf formulirt und beim Präsidium eingebracht. Aber aus verschiedenen Gründen ist derselbe noch nicht auf die Tagesordnung gesetzt worden. Ich stelle daher den Antrag, daß die Commission den besagten Entwurf, der vielleicht mittlerweile manche Modificationen erheischen dürfte, aufs Neue durchberathe und dem Hause Bericht erstatte."

Der Kastellan Jezierski, der Obmann der in Rede stehenden Commission, trat dafür ein, daß die Reformvorlage sofort zur Lesung und Beschlußfassung gelange, seinen Antrag damit motivirend, daß er die Juden immer als nützliche polnische Bürger, als Pfeiler des inländischen Handels, als einzige Vermittler im Austausche der einheimischen Producte mit dem Auslande betrachtete, die überdies Geld vom Auslande hereinströmen lassen und deshalb auch bei

entsprechender Organisation die Staatseinkünfte heben und den Geldumlauf um Millionen steigern können.

Diese Argumentation fand aber keinen besonders großen Beifall und der Reichsraths-Präsident verwischte vollends den eventuellen Effect mit der Erklärung, daß wichtigere Vorlagen der Erledigung harren.

Wie aus Butrhmowicz's Interpellation ersichtlich, lagen der Commission nebst seinem Projecte auch andere Reformpläne vor, deren wesentlichen Inhalt wir skizziren wollen.

Schon im Jahre 1785 ist anonym eine Arbeit im Drucke erschienen, in welcher der unbekannte Verfasser sein Reformprogramm wie folgt einleitet:

Mit der Frage beginnend, warum die Juden nirgends Sympathie fanden und mit Mängeln behaftet sind, antwortete er damit, daß sie überall und immer, als eine sonderbare Naturerscheinung, nicht aber als Menschen angesehen worden sind.

„Der Mensch kommt weder schlecht noch gut, weder gescheidt noch dumm zur Welt; er hat von Natur Anlagen, das erste oder das zweite zu werden, je nach den Umständen, die auf seinen Lebenslauf einwirken. Religion, Gesetzgebung und Erziehung sind die wesentlichsten Umstände, diese drei Dinge gestalten erst den Menschen. Das ist eine von jeher erbrachte Maxime, die durch tägliche Erfahrungen ihre Bestätigung findet. Gehen wir auf diese drei Quellen zurück, untersuchen wir sie speciell und wir werden vielleicht die Mittel finden, dem Uebel abzuhelfen. Sehen wir, ob die Juden als Menschen nützliche Bürger sein können."

Seinem Plane getreu, theilt der Autor sein Werk in drei Capitel, die er: Religion, Gesetzgebung, Erziehung betitelt und in jeder Rubrik behandelt er das betreffende Thema.

Um nicht dem Verdachte ausgesetzt zu werden, daß ihm darum zu thun sei, eine theologische Abhandlung zu halten, zeichnet er seinem Gegenstande rein sociale Umrisse vor, will nur von diesem Gesichtspunkte beurtheilt werden, schließt deshalb die dogmatische Seite aus und reflectirt nur insofern auf die Liturgie, als selbe auch auf die äußere sociale Volksentwicklung von Einfluß ist. Die jüdische Morallehre, demselben Stamme wie die christliche entsprossen, betrachtet die Tugend als das höchste Ideal der physischen und geistigen Harmonie; sie straft mit einer Gerechtigkeit jenseits des Grabes, oder erhebt die Seele in die Glückseligkeit der überirdischen Regionen. Weder in einem Erlasse der „Synagoge," noch im überlieferten Glauben konnte bisher etwas für das gesellschaftliche Gleichgewicht Schädliches entdeckt werden und kein einziger der in allen Religionsgebräuchen bewandertsten Strophisten hat etwas Gegentheiliges behaupten können.

Somit steckt nicht das Uebel in der Religion, sondern in der mangelhaften Gesetzgebung, in der Isolirung und Zurücksetzung, denn in Holland, Preußen und England unterscheiden sich die Juden Dank einer umsichtigen und fördernden Politik nur hinsichtlich des Bekenntnisses von der übrigen Bevölkerung, während sie sich bezüglich der patriotischen Opferwilligkeit und kaufmännischen Rechtschaffenheit auf demselben Niveau befinden.

„Die Juden sind," fährt der anonyme Verfasser fort, „von allen Gesellschaftsklassen ausgeschlossen, von Ausnahmsgesetzen umgeben, von jeder Bürgerwürde verdrängt, mit doppelten Steuern belastet, jeder kühlt an ihnen sein Müthchen, ihre Religion ist dem Gespötte und der Verhöhnung preisgegeben und man verlangt, daß sie respectvoll ihre Fesseln tragen und die Hände ihrer Peiniger küssen! Der Jude soll dem Lande nützlich sein, das Land aber nicht sein V a t e r l a n d, er soll arbeiten, seiner Arbeit Früchte aber nicht beanspruchen und für seinen Quälgeist Wohlwollen und Zuneigung hegen."

Der Jude, vom Erbrechte des Grund und Bodens ausgeschlossen, konnte von Landwirthschaft nicht einmal träumen und so war er auf die Stadt und auf gewerbliche Beschäftigung angewiesen; hier aber stieß er auf Neid, Haß und Privilegien und die Zünfte hielten ihm ihre Interdicte entgegen. Allenthalben vom Fanatismus getrieben, ließ er sich auf dem flachen Lande an den Landstraßen nieder, ernährte sich von der Schankwirthschaft, und um nicht selbst vor Hunger umzukommen, mußte er die Bauern auch übervortheilen.

Das Unrecht kann nur gutgemacht werden, indem man die Juden einer Gesellschaftsclasse, und zwar am entsprechendsten der städtischen (bürgerlichen) gleichstellt, ihnen all die mit diesem Stande verbundenen Freiheiten und Prärogative verleiht und jede Ausnahmsgesetzgebung aufhebt. Alle speciellen Obrigkeiten sind aufzuheben, mit Ausnahme des Kahal-Vorstandes, der über Fragen religiöser Natur im Rahmen der vorgezeichneten Machtsphäre zu entscheiden hat.

Die f ü r d i e R e l i g i o n zu zahlende, eine republikanische und christliche Nation schändende Kopfsteuer, ist zu cassiren.

Damit sich die Juden die Landessprache aneignen, werden sie verpflichtet sein, sich derselben in ihrer Privatcorrespondenz, in den Publicationen der Synagoge und des Vorstandes, in Verträgen und Handelsbüchern zu bedienen; der Bezug ausländischer Bücher wird untersagt, dafür aber wird ihnen hinsichtlich der Drucklegung und Uebersetzung verschiedener Schriften in den heimischen Dialect freie Hand gelassen.

Handel und Gewerbe werden ihnen eine gute Existenz bieten, dafür aber gehen alle Schankpachtungen in christliche Hände über, um Unzukömmlichkeiten vorzubeugen.

So weit unser Anonymus.

Im Jahre 1789 ließ der Deputirte Butrymowicz seine „Die Judenreform" betitelte Broschüre erscheinen.

Diese Schrift behandelt zwölf Punkte, ist ein treues Spiegelbild der Denkweise des Autors und gereicht ihm zum Ruhme.

Er stellt den Grundsatz auf, daß die Juden freie Menschen sind und in dem Momente, wie sie sich in einer Stadt, Städtchen oder Dorfe ansäßig machen, das Bürgerrecht erlangen, wenn sie sich nur mit Handel, Handwerk, Ackerbau oder einer Wissenschaft befassen. Sie unterliegen derselben Jurisdiction wie die übrige Bevölkerung und wenn sie in Strafsachen infolge Armuth oder Furcht verhindert sind, ein ihnen zugefügtes Unrecht zu verfolgen, ist der Staat verpflichtet, mittelst seiner betreffenden Amtsstellen ex offo als öffentlicher Kläger aufzutreten. Die Erfahrung hat oft gelehrt, daß man speciell Kinder zum Uebertritt zum Christenthum verlockte, indem man ihnen „goldene Berge" in Aussicht stellte, und auf dieses Thema übergehend, schreibt Butrymowicz:

„Da die Religion als solche Niemandem ein Unrecht zufügen oder gemein machen kann und die Aufklärung der Irrenden nur Gottes Sache ist, deshalb wird verboten, jüdische Kinder oder Erwachsene durch hinterlistige Ueberredung, Entführung oder durch andere mit der öffentlichen Sicherheit oder Nächstenliebe collidirende Mittel zu bekehren und in dieser Beziehung wird ihnen vollständige Gerechtigkeit, Sicherheit und Ruhe garantirt."

Um die weltlichen Angelegenheiten von geistlichen zu trennen, wird den jüdischen Gemeindevorständen verboten, sich in Civilangelegenheiten zu mengen, Schulden zu contrahiren, Steuern auszuschreiben, über Vermächtnisse oder Verträge Urtheile zu fällen, in strittigen Fragen nichtconfessioneller Natur in Bann zu legen und das unter Androhung eines Pönale von viertausend polnischen Gulden und Annullirung des respectiven Urtheils.

Dafür aber hat die Jurisdiction in religiösen Dingen bei der jüdischen Gemeinde zu verbleiben, die gewählten Vorstandsmitglieder bedürfen keiner Approbation seitens der Regierung, und somit werden all die bisher bestandenen Abgaben anläßlich einer Rabbinerwahl u. s. w. aufgehoben. Um die Armen gegen das Aeltesten-Collegium und das Land gegen Verbreiter falscher Maximen in Schutz zu nehmen, haben allerhand Schriftstücke in der Landessprache verfaßt zu sein und ist der Import ausländischer Werke und die Drucklegung solcher, die auf die Religion keinen Bezug haben, zu verbieten.

Um die Juden auf das Gewerbe zu lenken und sie in die Zünfte einzuführen, dürfen sie sich nicht mit der Schankwirthschaft auf dem Lande befassen. Die bisherigen ländlichen Arendatoren — Schankpächter — können sich in allen Städten und Städtchen und Dörfer, die nicht ihre besonderen Privilegien haben, niederlassen und hier einen Handel, Handwerk oder Landwirthschaft betreiben, mit dem Vorbehalte, daß der Pachtzins von Grundstücken nicht durch Robot zu entrichten ist und haben sich die so angesiedelten Juden vor der Ordnungscommission der betreffenden Wojewodschaft über ihren gewählten Beruf auszuweisen.

Die Ausnahmsstellung der Juden wird aufgehoben, somit auch jedes von der allgemeinen Regel abweichende Besteuerungssystem.

Da die Erziehung der Juden vernachlässigt und einseitig ist, indem sie nur zum Unterrichte in Religionssachen hinneigen, das nöthige profane Wissen sich aber nicht aneignen, wird die Obrigkeit einer jeden jüdischen Gemeinde die Verpflichtung haben, nebst einem Religionslehrer auch einen Baccalaur zu unterhalten, damit dieser den Kindern im polnischen Lesen, Schreiben und Rechnen, eventuell auch in der deutschen Sprache Unterricht ertheile und wird die Ortsobrigkeit die Befugniß haben, falls die jüdische Gemeinde dieser Verpflichtung nicht nachkommt, so lange die betreffende Synagoge zu schließen, bis dem Rechte Genüge geschieht.

Die Educationscommission hat entsprechende Lehrbücher herauszugeben und den Juden die öffentlichen Schulen und Akademien zu öffnen.

Hinsichtlich der internen Gemeindeangelegenheiten und des Cultus wird den Juden Autonomie eingeräumt, doch muß auch in das Verwaltungscomité ein Christ gewählt werden.

Zum Schlusse folgen noch einige Bemerkungen über die Tracht.

Wir können nicht alle Projecte selbst auszugsweise reproduciren und wollen jetzt die betreffende Regierungsvorlage in ihren essentiellen Umrissen anführen.

Von dem Standpunkte jeglicher Freiheit ausgehend, verleiht der Regierungsentwurf den Juden das Stimmrecht in den Ständen, zu welchen sie gehören, das Wahlrecht und die Wählbarkeit für Aemter, sichert ihnen die Wählbarkeit in die Communalbehörden in Proportion zur Gesammtbevölkerung, gestattet ihnen sich um alle Ehrenstellen, die für ihre Gesellschaftsclasse zugänglich sind, zu bewerben und räumt ihnen das erbliche Eigenthumsrecht für Grund und Boden und andere Immobilien ein. Auf dem Gebiete der Criminal- und Civil-Justiz werden die Juden den Christen gleichgestellt. Die Schankwirthschaft wird ihnen vorläufig auf eine Zeitdauer von fünfzig Jahren entzogen. Aus sanitären Rücksichten und um dem Elende zu steuern, darf ein Mädchen nicht unter

achtzehn und ein Jüngling nicht unter zwanzig Jahren heiraten, und dabei muß das junge Paar ausweisen, daß es die Mittel besitzt, anständig leben zu können.

Die Juden gehören zu drei Classen: zum Bauern-, Handwerker- und Kaufmannsstande. Wie der übrigen ackerbauenden Bevölkerung wird ihnen ärarischer Grund in Pacht überlassen und überdies werden ihre in den jüdischen Provinzen gelegenen, vom Fiscus gepachteten Ländereien durch zehn Jahre steuerfrei sein. Für Juden, welche sich in der Landwirthschaft hervorthun, werden Prämien ausgesetzt und sie participiren auch an allen Beneficen der christlichen Handwerker und Industriellen.

Um die Volksbildung zu heben, wird Folgendes bestimmt:

Wer keine Volks(Pfarr)=schule absolvirt hat, verliert sein Stimmrecht, kann auf keine Staatssubsidien Anspruch erheben, muß zweifach Steuern zahlen, kann gar keine Liegenschaften erwerben, kann weder Theologie studiren noch sich um einen Rabbinerposten bewerben.

Im Princip wird die Errichtung von jüdisch=confessionellen Schulen ausgesprochen u. z. unter folgenden Voraussetzungen:

Daß die allgemeinen Vorschriften der Schulbehörde eingehalten werden, daß die Lehrer die erforderlichen Fachcurse besucht haben, und daß nach dem allgemeinen Schulplane gelehrt werde. Solchen Unterrichtsanstalten wird das Oeffentlichkeitsrecht verliehen. Zum Schulinspector kann seitens der Unterrichtsbehörde ein Jude ernannt werden, und selbe behält sich das Beaufsichtigungsrecht vor.

Weiters wird die interne Autonomie der jüdischen Gemeinden geregelt, und ein Generalrath, eine Art Sanhedrin, das sich aus den mit Stimmenmehrheit aus den Provinzvertretern gewählten Mitgliedern, mit einem Ober- oder Landschaftsrabbiner an der Spitze, zu recrutiren hätte, in Aussicht genommen. Die polnische oder deutsche (französische) Tracht ist für Schüler und Beamte nach zwei, für Kaufleute und Handwerker nach drei, für Ackerbauer nach sechs Jahren der Verlautbarung des Gesetzes obligat.

Stanislaus August, der letzte König Polens war dem Reformwerke geneigt, aber der geschlossenen Phalanx der stolzen Magnaten gegenüber konnte er seinem Willen keine Geltung verschaffen.

Es fanden sogar in der königlichen Burg Conferenzen nicht=officiellen Charakters statt, zu welchen einige Juden aus Deutschland zugezogen wurden, um bei den Entwürfen behilflich zu sein.

Die Judenheit Polens machte sich auch anheischig, die Quote von zwanzig Millionen polnischen Gulden an die königliche Chatoulle